Blomster fra mig selv

Julie Gottlieb Holm

# Blomster fra mig selv

Omslagsdesign af Emma Holm Jarnbye

Forlag: BoD – Books on Demand, Hellerup, Danmark

Tryk: BoD – Books on Demand, Norderstedt, Tyskland

ISBN: 9788743032687

*Til alle mine klipper*

Det brænder

I min mund

På mine hænder

For kaffen er kogende

Og mine fingre for følsomme

Og mine hænder ryster

Det er ikke tilførslen af koffein

Heller ikke manglen derpå

Jeg kan bare ikke holde fast

Det er tankerne som kører i ring

Som jeg har lært at løsrive mig fra

Men som min krop stadig

Reagerer på

Og kaffen brænder på min tunge

Og offermentaliteten har brændt sig

Fast i min bevidsthed

Men det eneste jeg nogensinde har været offer for

Er mine egne forestillinger

Jeg hører glad musik
Med høje toner
Mens jeg stirrer modløst
Ind i væggen
Med våde øjne
Og en vejrtrækning
Jeg ikke længere kan høre
Og jeg kan mærke hvordan
Jeg langsomt drukner
Mens du
Stille
Lukker døren bag dig

Og jeg troede at sort kaffe
Og en sort piercing
Gjorde mig mere interessant
Jeg har brugt hele min ungdom
På at være så bange for at være
Kedelig
Jeg har jagtet oplevelser og følelser
Som folk jagter tilbud i Netto
Og nu er jeg så pisse spændende
Og så skide træt
Min rygsæk er blevet så
Fucking tung
Og jeg kan endelig stoppe med
At skulle imponere
Hele verden
Jeg orker ikke længere at være
Interessant

Og der er ord
Konstant
Ord der vrimler
Og vælter
Og skaber laviner
Af ord
I mit hoved
Og jeg løber med et net
Igennem en dal af
Sætninger
Blot for at omkomme
I et stenskred af digte

Det var som at komme hjem
Og intet var anderledes
Heller ikke de ting
Der altid gik mig på
Men nostalgi
Gør alting lidt mere
Rosenrødt
Indtil jeg vågnede op
Og indså at
Jeg savner at kende dig
Men allermest
Savner jeg
Ikke at kende dig

Og mit ungdomssind blev forgiftet med
Idéer om ægte kærlighed
Men nu er jeg blevet bitter
For hvorfor skulle jeg tro på
At kun en anden person
Kunne fuldende mig
Hvorfor skulle jeg sidde i et tårn
Og vente på at blive reddet
Når jeg sagtens kunne
Rejse mig op og
Redde mig selv

Han lavede kaffe om morgenen
Men jeg skulle tidligt af sted
Og jeg kunne ikke engang huske
Hvor mange gange vi havde haft sex
Kun at vi var gået hele vejen fra
Nørrebro til Christianshavn
Men selv den erindring var uklar
Ligesom mine intentioner altid er når jeg er stiv
Men midt i
Morgenlyset og sprittågen
Fik han mig til at føle mig
Okay
Og måske var det i virkeligheden
Min eneste intention

Alkohol

Engangsknald

Stoffer

Angstanfald

Og jeg håber inderst inde at jeg en dag

Besvimer i badet

Men jeg kan aldrig sulte mig selv

Eller skære i min hud

For selvom jeg er

Selvdestruktiv

Er jeg også

Hyklerisk

Jeg ved at jeg ikke fejler en skid

Men jeg overvejer i stedet at begynde at ryge

Det er ikke noget man overvejer

Men jeg kalkulerer alting

Selv min angst

Og de rækker ud
Og jeg tager imod                                    15
Og finder mig selv
Alene derude
De er forsvundet
Og jeg er forladt

Og hun spørger

Om min mor har et alkoholproblem

Og jeg forstår ikke helt

Om jeg skal opfinde problemet selv

For det ved hun jeg kan

Blot for at få en henvisning fra lægen

Bare for at have det dårligt nok

Til at komme billigt til psykolog

Men min mor har intet alkoholproblem

For det er jo mig

Der har problemer

Kedelige

Små

Problemer

Overvældet

Sommetider er jeg

Opgivende

For intet giver mening

For hvad er meningen overhovedet

Og jeg sover for meget

Jeg spiser for meget

Laver for lidt

For lidt tid

For mange ord

Og for mange tanker

At tygge sig igennem

Og hvorfor skal jeg det

Når otte til seksten er mit

Værste mareridt

Og frihed er det eneste

På min ønskeseddel

Jeg vil bare gerne falde hovedkulds

For en anden

Så jeg kan glemme al den ubrugte kærlighed

Der ligger hengemt

I et hjørne af

Mit hjerte

Og som stadig bærer

Dit navn

Jeg cykler over brosten

Som ryster min cykel

Og min sjæl

Og det knaser mellem

Mine tænder

Mens jeg spekulerer på

Om I en dag drukner

Som I druknede mig

Det svier

Det brænder

Mit hjerte banker

Ubehageligt hårdt

Jeg kan ikke

Få vejret

Jeg tror jeg er gået hen

Og blevet

Allergisk

Overfor

Meningsløshed

Så jeg fik en tatovering

Og endnu én

Jeg klippede mit hår

Og farvede det sort

Alt dét for at blive til en anden

For at glemme

At den person jeg var

For to minutter siden

Ikke var god nok

Men nu er jeg bedre

Jeg er en ny person

Og klar til at blive afvist

Igen

Men hvorfor skal jeg lære at flyde
Når jeg bedre kan lide at synke
Hvorfor skal jeg være bange for at føle
Når jeg føler så dybt
Og hvis jeg smiler igennem tårerne
Er det så godt nok?

Og jeg fandt ud af
At jeg skulle være kold
Men så blev jeg til is
Og jeg prøvede at være varm
Men jeg stod i flammer i stedet
Og alle der rørte ved mig
Blev forbrændte eller forfrosne
Og jeg prøver at forene
Ilden og isen
Så jeg ikke længere destruerer
Alt omkring mig

Solen blænder

Og hans smil er det samme

Men samtalen er anderledes

Og jeg er ikke længere

Intimideret

Og han er ikke længere

Uopnåelig

For jeg er gået hen og blevet

God nok til mig selv

Og god nok

Til resten af verden

Måske er der virkelig
Et parallelt univers
Hvor jeg ikke kollapser
Hvor du ikke skrider
Men her lærte jeg det på
Den hårde måde
Og jeg tror jeg er okay
Med dette univers

Og hvem siger at jeg
Har brug for andet
End mig selv
Og lyden af mit eget navn
For at føle mig
Latterligt forelsket
For nu er der begyndt at gro
Blomster
I de førhen mørke afkroge
Af mit sind
Fordi jeg har endelig har besluttet
At lukke lyset ind

Og han siger at
Det er sådan han lever sit liv
Hvis han ser et tilbud
Så fylder han fryseren
Og jeg går ud fra
At jeg ikke er et tilbud
I Nettos fryser
Siden han stadig ikke
Har fyldt sit liv op
Med mig

Pres
Lige bag øjnene
Og jeg prøver at holde
Smilet på plads
Men der er tomt indeni
Jeg er klemt inde imellem
For mange aftaler
Og for lidt frihed
Og for lidt mening
Mens jeg prøver at
Fortælle mig selv
At sommetider er det okay
Ikke at have lyst
Til at deltage
I sit eget liv

Og jeg bedøver mig selv
Med netflix og instagram
Men hvis jeg sidder her
På min seng
Helt stille
Helt ubevægelig
Kan jeg mærke
At bag ved distraktionerne
Er der gråd
Bag ved gråden
Er der ensomhed
Bag ved ensomheden
Er der indsigt
Bag ved indsigten
Er der accept
Bag ved accepten
Er der en dyb, dyb
Fred

Du har fået en ny frisure
Du ligner en idiot
En idiot jeg stadig
Græder over om natten
Og jeg løj sommetider
Når du spurgte om min mening
Og sommetider lignede du præcis
Den person
Jeg gerne ville have
Og måske stadig vil have
Hvis ikke du var så pisse idiotisk
Og så pisse cool
Hvis ikke alting betød så lidt for dig
Inklusiv mig

Og mit blik er sløret
For tårerne triller
Og min kind er stadig våd
Fra min mors kys
Og jeg kigger efter hende
Da hun forsvinder ned ad trappen
Og jeg er alene igen
Men selvom det gør ondt at lukke døren i
Hænger kærligheden stadig
I luften

Jeg har dækket

Alle mine spejle til

Med avispapir

For jeg er så træt af

At se hende stirre tilbage

Med et blik der siger

Tag dig nu sammen

Og jeg græder bitre tårer
Klokken 3 om natten
Og håber at væggene er
Tykke nok
Så folk ikke kan høre
Min hæmningsløse gråd
Og det anfald der
Presser sig på
Det er ikke ensomhed
Det er følelsen af komplet mangel
På kærlighed fra verden
Og det er beslutningen om
At tage alene hjem
Og være nødt til at give kærligheden
Til mig selv

Og nogle gange vil jeg gerne
Åbne op for mit bryst
Så jeg kan kravle ud
Af mig selv
Der bliver så utroligt trængt
Herinde i min krop
Er der én der kan flå mig op
Så jeg kan flyde ud af mig selv
Og smide min krop som en ham
Jeg kan ikke være lænket til jorden
Mere
Når jeg består af et indre
Som føles som helium
Jeg har brug for at lette og flyde og fylde
Mere

Jeg kæmper imod

Imod lykke

Imod glæde

Imod solens kærtegn

Og smilende ansigter

For jeg kender det ikke

Jeg kender kun

Smerten

Tårerne

Hadet

Det er så svært

At træde ind i lyset

Når man har levet så længe

I mørket

Og jeg går ned ad trappen
Og jeg har været her før
Men jeg husker ikke etagen
Jeg husker blot hvor blød
Hans hud var
Og jeg kan genkende hans
Duft
Og hans lejlighed er den samme
Men vi er to nye personer
End dem der mødtes
For to år siden
Og han er mere sårbar
Og jeg er stærkere
Og en ny begyndelse
Bliver til en bedre slutning

Bare et øjeblik
Vil jeg lukke øjnene
Og åbne dem
Og have glemt
Al smerten
Der førte mig til dette sted
Bare et øjeblik
Er jeg ny
Ren
Uvis
Omkring hvad der var
Hvad der kommer
Jeg ser intet andet
Mærker intet andet
End dette øjeblik
Lige nu
Lige her

Og der går et øjeblik
Fra dyb meningsløshed
Til absolut overgivelse

Mine tårer

Smager af

Gamle vaner

For jeg behøver ikke

At græde mere

Jeg er ikke den person længere

Jeg er egentligt også ligeglad

Men frem kommer de

Og ned over kinderne løber de

Og jeg er utrøstelig midt om natten

Med fedtet mad efter en bytur

Og en film som luller mig i søvn

Med for meget alkohol i blodet

Og for mange gamle tanker i hovedet

Jeg kunne godt være glad

Men det er så svært

At komme af med

Gamle vaner

Jeg tog langsomt
Tøjet af
Og gik nøgen forbi ham
Han sad i vindueskarmen
Og han tabte den tændte
Cigaret
Ud af munden
Ned i skødet

Og 2 år
Er så hurtigt forbi
Og pludselig
Vågner man op
Og kan ikke huske
Minderne
Og den fine tråd
Der engang bandt
To mennesker sammen
Er blevet klippet over
Og jeg erindrer ikke mere
Hvordan vi fik
2 år
Til at gå

Og jeg har kigget så meget i spejle
Hele mit liv
For at tjekke at jeg stadig var okay
Jeg har spildt
Så meget tid
På at hungre efter noget
Forgængeligt
Jeg havde ikke andet at tilbyde
End mit spejlbillede
Så når spejlet
Pludseligt
Krakelerer
Og det eneste man står tilbage med
Er de skarpe skår af glas
Hvad skal man så tilbyde verden

Jeg tager alt jeg gav væk

Tilbage

Og denne gang giver jeg det til mig selv

For jeg har ikke flere piedestaler til rådighed

Nu kigger jeg på mig selv

Så meget jeg kan

Jeg er ikke interesseret i andres blikke mere

Og sommetider savner jeg
Mine forældre
Som et lille barn
Og jeg har kun lyst til
At ligge i deres arme
Og slippe al ansvar
Alle planer
Alle konsekvenser
Jeg har bare lyst
Til at grave mig ned
I deres baghave
Og ligge der
Indtil jeg bliver til
Et lille frø
En lille plante
Med en lille blomst
Som ikke behøver andet
End solens stråler
For at finde mening
Med livet

På vejen blev jeg ædru og fortrød

Hvad jeg havde gang i

Men han havde de længste

Sorte øjenvipper

Og grønne øjne

Og dårligt selvværd

Og engang ville jeg redde dem alle

Men nu havde jeg for travlt med at redde mig selv

Så han tog hjem til Spanien

For det eneste jeg ville have

Var mindet

Og jeg har fået en ny
Yndlingsfarve
For når den lave
Eftermiddagssol
Rammer de gulgrønne
Forårsblade
Så ser jeg en farve
Jeg ikke engang kan beskrive
Lidt ligesom den følelse jeg får
Når jeg kigger på dig

Jeg prøver

Men de kommer ikke

Ingen tårer

Ingen forløsning

Ingen plan

Om at stoppe op

Jeg prøver at

Skabe bedre vaner

Og mere struktur

Men jeg føler mig

Udsultet

Jeg føler mig

Grådig

Efter energi

Efter tid

Efter mening

Og der er en invitation

Om deltagelse

I en fest

Der hedder

Mit Liv

Og hver dag trykker jeg deltager

Men nogle dage

Som i dag

Har jeg kun lyst til

At melde afbud

Og jeg får vand i lungerne

Jeg drukner i dine ord

For jeg kan ikke sluge dem

Dine løfter og dine komplimenter

Som til sidst på dagen

Kun presser mig længere ned

På havbunden

Hvor du ikke kan se

At tårerne løber

Jeg skred tidligt om morgenen

Selvfølgelig var du

Det eneste jeg så

Inden jeg gik

Og jeg håber ikke du så mig liste afsted

Jeg håber ikke du tror at det var på grund af dig

At jeg gik

Det var ikke dig

Det var afvisningen

Det var dén

Jeg ikke kunne være i rum med

Ét sekund længere

Jeg lukker døren bag mig
Jeg lukker byens lys ude
Jeg kan give slip
Og tårerne kan trille

Men for tiden slipper jeg
Kun ord ud
For tiden skriver jeg mig
Ud af angstens greb
Sent om aftenen
Og gemmer tårerne
Til en regnfuld dag

Det slår

Pludseligt hurtigere

Mit hjerte

For jeg panikker

Hver gang jeg tænker

På alle de ting jeg skal

Og bør

Og jeg må minde

Mig selv om

At jeg har valgt det hele selv

Og at jeg kan skride

Når som helst

Men det er jo en løgn

Og jeg kæmper

Mod lænker

Som jeg selv har låst fast

Mens tiden løber

Forbi

Jeg så aldrig
Hvem de var
Jeg så kun hvad jeg
Havde brug for
Jeg så kun det famøse
Glansbillede
Kreeret af mine egne
Uopfyldte behov
Nu ser jeg personen
Overfor mig klart
Og alt det de prøver at skjule
Men jeg har ikke mere tid
Til at slibe deres diamanter
Jeg har nok diamanter
At slibe selv

Hans hud er solfarvet
Og glattere end min
Han smiler
Og jeg er ikke længere bange for
Hvert ord jeg siger
Jeg er ikke bange for
At være for meget
Eller for lidt
Nu ved jeg at jeg er præcis
Nok

Og jeg har købt natmad

Og jeg kører forbi Rundetårn

Mens jeg kigger på stjernerne

Skjult på Københavns nattehimmel

Og først nu ved jeg

At alt ender godt

Mens jeg kører over for rødt

Som jeg har gjort så mange gange

I mit liv

Og der er så stille i byen

Og jeg cykler

Alene hjem

Men denne gang er det ikke

En tabt kamp

For jeg har mest lyst til

At tage hjem

Med mig selv

Jeg er blevet
Pigen med listen
Over fyre
Som gerne ville
Ringe på min dør
Hvis jeg bad dem om det
Men jeg vil hellere være
Pigen med fyren
Som altid ringer på min dør
Selv når jeg ikke
Har bedt ham om det

Og jeg er ofte
Ikke tilfreds
Med den måde jeg bruger
Mine vågne timer
Jeg er ikke
Tilfreds
Med den måde jeg spilder
Mine minutter
Mine sekunder
Jeg længes efter
Et udefinerbart indhold
I min tilværelse
Og jeg kan mærke hvordan
Rebet strammes om min hals
Hver dag
Hver gang
Jeg foretager mig noget
Meningsløst

Han sagde

At hans billede af mig

Var ødelagt

Jeg var ikke den han troede jeg var

Og han var

Sjovt nok

Aldrig

Den jeg ville have ham til at være

Så til slut skiltes vi

Som to mennesker

Der aldrig havde kendt hinanden

Jeg er alene

Jeg er alene

Hvis jeg siger det nok

Kan det være at det ikke skærer

Som en kniv

Igennem mit kød

Igennem mine tanker

Jeg er alene

Måske er det fint

At trække vejret

Og slippe gråden ud

Lydløs

I min lejlighed

Kun lyden af mit

Bilerne udenfor

Jeg er ikke

Konventionelt

Smuk

Jeg er ikke

Let og boblende

Jeg er

Tung og seriøs

Og jeg øver mig i

At være mindre alvorlig

Og have lettere

Til latter

Men det er svært

Når man endelig er begyndt

At holde af sig selv

Jeg vil have ord på min krop

Jeg vil have

Påmindelser

Konstant

Jeg vil have billeder

Og liv

Og minder

Skåret ind i min hud

For altid

Så jeg ved

At det hele er forgængeligt

Og at jeg skal fokusere

På det vigtige

Og løsrive mig

Fra støjen

Og så stod han dér
Og det var som om smerten begyndte
At vokse
Så da vi sagde farvel
Var den blevet til en stor dunkende knude
I min mave
Og de siger jeg skal
Stoppe med at tænke så meget
Men jeg tænker slet ikke
Jeg er lammet
Jeg har nok besvær
Med at forsøge at trække vejret
Hver gang hans stemme slår al
Luften ud af mig

Det er derfor

Jeg ikke tør

Give slip

Og lukke lykken ind

For jeg er så bange for

At glæde mig for tidligt

For hvad nu hvis

Jeg ikke er forberedt

Hvad nu hvis livet trækker

Tæppet væk under mig

Som det har gjort så tit før

Men jeg er vokset ud af min hud

Jeg kan ikke leve i frygten mere

Jeg kan ikke blive ved

Med at forvente det værste

Hvis jeg vil have

Det bedste

Jeg tror jeg skal til

Tage forskud på livet

At tage forskud på lykken

Jeg har efterhånden
Mest brug for mig selv
Og min egen omsorg
Når jeg ligger
Dagen efter
Og spiser pizza
Og ser dårlige film
Der har jeg det
Efterhånden bedst
Med mig selv
Og følelsen af
En længeventet
Tryghed

Og jeg siger at jeg snart
Giver op
For den her fangeleg er ved at blive
Kedelig
Og jeg undrer mig over
Hvorfor vi løber rundt og prøver at
Nå hinanden
Når vi ikke engang
Kender hinanden
Men han siger at
Jeg ikke skal
Give op
For det gør han heller ikke
Blinkesmiley

Der er ting
Jeg fortrænger
Fordi de ikke passer
På min person
Som en trøje der strammer
De forkerte steder
Men man har alligevel købt
Lortet
Og slæbt det med hjem
Og nu står man og kigger på det
Og tænker
Det her er jo slet ikke
Min stil

Der er en konstant rumlen af biler
Foran mit vindue
Og brosten og fuglesang
Og en dyb vejrtrækning mod min nakke
En arm om mit liv
Et hjerte mod min ryg
Jeg lukker øjnene
Jeg kan godt ligge
En time længere

Det er en følelse
Af hjemhed
Hans øjne
Hans stemme
Hans duft
Er hjem
Det er der jeg hører til
Der jeg har bosat mig
Der jeg bliver
Så længe han er i live
Så længe jeg trækker vejret
Vil jeg række ud efter ham
Igen og igen

Og jeg tilføjer endnu et år
Til min alder
Og det virker fuldstændigt ligegyldigt
At jeg blev født for 24 år siden på
Denne dag
Men jeg savner alligevel mine forældres
Begejstrede blikke
Og sang om morgenen
Jeg savner alligevel
At føle mig betydningsfuld
Bare en enkelt dag om året

Og jeg har altid følt mig
Som den efterladte
Men jeg har kun efterladte
I mit kølvand
Jeg har kun smidt folk
Overbord
Uden at kigge mig tilbage
Og grædt misforståede tårer fordi
Jeg troede jeg var den
Der ikke var god nok
Og her viser det sig
Pludseligt
Efter alle de år
At det var dem
Der ikke var gode nok
Til mig

Piger der skriver digte

Om smøger og midnats-pølsehorn fra 7eleven

Og deres fulde tanker om forlist kærlighed

Dem grinte jeg af engang

Nu står jeg gerne med dem

Side om side

Vi er hinandens ekko

Jeg havde ikke andet end

Piedestaler

Til alle andre

Men ikke til mig selv

Jeg endte altid med at få ondt i nakken

Når jeg stod og beundrede alle dem

Jeg havde sat på piedestaler

Også selvom de ikke fortjente det eller

Havde bedt om det

Og jeg føler at der er
Et tykt lag af uigennemtrængelighed
Mellem mig og alle andre
Og jeg vil så gerne
Række ud og røre ved dem
Men alle gemmer sig væk
Alle er viklet ind i bobleplast
Og jeg vil bare gerne have
At nogen prikker hul på mine bobler
Og ånder liv i mig
Og tør bade i mine følelser
Så jeg ved at
Jeg ikke er ved at drukne

Der er ikke meget

Jeg frygter mere

Men selv hvis jeg bliver 100

Og du bliver 100

Og vi dør i hinandens arme

Frygter jeg at det stadig ikke

Er tid nok sammen med dig

Der er nogle der banker

Banker på

I mit hoved

Tanker

Jeg ikke har tænkt længe

De står udenfor døren

Og jeg har ikke sendt invitation

Jeg er ikke interesseret

Men de hamrer videre

Og jeg troede jeg havde sagt

Farvel for længst

Men nu er de her igen

Og jeg bliver nødt til at åbne døren

Og fortælle

Forklare

At de ikke er velkomne mere

Og hvorfor har jeg ventet
Så mange år
På at modtage blomster
Fra andre
Når jeg kan give
Blomster til mig selv
Blomster fra mig selv
Hvorfor har jeg ventet
Så længe
På at andre ville
Elske mig
Når jeg kan
Elske med mig selv
Elske mig selv

Og jeg trækker mig
Alt hvad jeg har
Trækker jeg tilbage
Linen jeg kastede ud
Spoler jeg ind
Jeg sætter mig selv i
Et stille øjeblik
Og prøver at modstå
Handling
Jeg prøver at stå stille
Og hvile i afventning
Roligt bevidst
Om at alting vil løbe imod mig
Så snart jeg stopper
Med at løbe imod det

Jeg har klipper
Som langsomt smuldrer
De styrter ikke i grus
Men de bliver mindre
Og jeg lærer langsomt
Ikke at behøve
At støtte mig
Så voldsomt
Til andre
End mig selv

Det tordner
Og kold luft
Fylder mine lunger
Og jeg har været
Høj
På kærlighed
Så mange år
Men nedturene
Og abstinenserne
Åd huller i min sjæl
Og jeg har været clean
I noget tid
Og nu kan jeg mærke
Regnen på mit ansigt
Nu kan jeg mærke
Mig selv

Blomster fra mig selv
Fordi jeg har givet blomster til andre
I så mange år
Men nu giver jeg dem
Til mig selv
Og jeg giver mig selv
En hel have
Fyldt med blomster
Som dufter
Som vokser
En hel verden
Som lyser
Som synger
Ligesom min kærlighed
Til mig selv